꽃
아름다운
사랑

구춘지 시집

꽃
아름다운
사랑

한강

시인의 말

파도처럼 출렁이며
부대끼며 살아낸 삶
풍성한 가을걷이 끝낸
들녘에 서 있는 나
고요하고 평화롭다
봄날 작은 뜰에 꽃씨를 뿌리듯
세 번째 내는 시집
여전히 첫 마음처럼 설렌다

나의 사랑, 소중한 가족,
귀한 인연으로 만난 분들께 감사하며
시의 숲길을 걸으리.

2024년 4월에
구춘지

구춘지 시집 꽃 아름다운 사랑

□ 시인의 말

제1부 꽃무릇

풀꽃 ——— 13
구절초 ——— 14
오솔길 ——— 15
유월의 갈대숲 ——— 16
오이의 노래 ——— 17
용문사 은행나무 ——— 18
능소화 ——— 19
고사목 ——— 20
게발선인장 ——— 21
봉숭아 ——— 22
지심도 동백꽃 ——— 23
뻐꾸기·3 ——— 24
눈 붉은 찔레꽃 ——— 25
꽃무릇 ——— 26
나무 ——— 27
연꽃 ——— 28
칡꽃 ——— 29

꽃 아름다운 사랑　　　　　　　　　구춘지 시집

제2부 숲길을 걷다

33 ── 꽃은 사랑이다
34 ── 사랑의 자물쇠
35 ── 봄날
36 ── 숲길을 걷다
37 ── 여름날 육자배기
38 ── 가을이 가네
39 ── 가을이 문을 두드린다
40 ── 가을날의 행복
41 ── 구월이 오네
43 ── 가을 길
44 ── 눈 오는 날
45 ── 겨울 문턱
46 ── 겨울 공원·2

제3부 홍제천 연가

49 ── 난지 한강공원
50 ── 덕유산 눈꽃
51 ── 청평사 가는 길
52 ── 향일암
53 ── 백사실 계곡

구춘지 시집 꽃 아름다운 사랑

차 례

운주사 —— 54
가파도 —— 55
홍제천 연가 —— 56
강촌역 옛 역사 —— 57
개미마을 —— 58
경춘선 숲길 —— 60
심우장에서 —— 61
곰배령 —— 62
북한산 원효봉에서 —— 63
바람누리길 —— 64
서오능에서 —— 65

제4부 꽃처럼

시인의 꿈 —— 69
지까짓 게 —— 70
나잇값 —— 72
벗어야 산다 —— 73
무궁화 —— 74
잊혀져 간 숫자 —— 75
꽃처럼 —— 76
코로나19 —— 78
어느 영혼을 생각하며 —— 79

꽃 아름다운 사랑 　　　　　　　　　구준지 시집

80 —— 가라사대
82 —— 가을을 타는 여자·3
83 —— 새
85 —— 어둠

제5부 동그라미 사랑

89 —— 동그라미 사랑
90 —— 가을은 그리움
91 —— 아버지의 무덤
92 —— 소록도 여인
93 —— 꿈을 낚는 사람
94 —— 그 나무
95 —— 김밥
96 —— 섣달 그믐날 밤
97 —— 고향
98 —— 멀어져 간 그리움·2
99 —— 축제
100 —— 외로움
101 —— 나의 보물 1호

□ 해설_기청

제1부 꽃무릇

풀꽃

하늘 아래 이름 없는 이
그 누가 있을까

언 땅에 누워 견뎌 낸
인고의 긴 시간

바람에 흔들려도 웃고
바람에 찢기면서 웃는

불려지지 않는 이름으로
피고 지는 꽃이여

풋풋한 향기
신선한 풋사랑 향기

구절초

너의 향기는
천상의 그리움

비탈진 언덕
바람이 된 하얀 미소

구구절절 아홉 마디
어머니의 눈물 사랑

바람에 실어 나르고 있다

오솔길

풀 향기 솔바람
옆구리 한켠에 끼고
가느다란 허리, 굽은 등
어머니의 뒷모습일세

오늘도 낯익은 발소리
귀 기울이며
낯설은 발자국
마다하지 않는다

달맞이꽃 그리움 실어
달무리 속으로 나르고
바람도 숨 고르며
고요히 걸어가는 길

가벼워지는 하얀 마음
혼자 걸어서 좋은 길

유월六月의 갈대숲

유월의 태양 아래
아우성치는 푸른 물결

어미의 누런 키를 훌쩍
넘어선 푸른 몸짓

생生의 시작은 푸르름
푸른 세상 푸른 향기

유월의 갈대
푸르게 웃고 있다

오이의 노래

 뜨거운 태양 아래 비바람 맞으며 튼실하게 크고 싶지만 구부러짐 없이 일정한 크기로 자라야만 한다
 어머니의 연결 고리 탯줄에서 떨어져 나왔을 때 미숙아만 들어가는 줄 알았는데 탯줄에 매달린 채 인큐베이터 안에서 예쁘게 크고 있다
 상품 가치를 높이기 위해서 공장에서 찍어낸 듯이 작은 것 큰 것 없이 똑같은 크기로 자라고 있다
 햇살에 부대끼며 비에 젖고 바람에 흔들려 혹여, 꼬부랑 오이가 되더라도 자연 그대로의 청춘을 누리며 살고 싶다

용문사 은행나무

비바람 천둥 번개 왜 무섭지 않았으리
순례자들의 기도 소리 보듬고
해를 삼키고 달을 품으며
버티고 견디며 살아낸 삶

누가 심었으면 어떠한가
천년을 하루같이 한자리에
전설은 전설을 휘감고
위풍당당 바위보다 굳세게

나라의 흥망성쇠 눈물로 지켜 보았고
화마를 비켜낸 끔찍스럽던 일
산하가 피로 물든 전란의 아픔
천년의 숨결 바람으로 토해 내어

천년의 시간, 꽃으로 피어나고 있다

능소화

진초록 쓰개치마 두르고
발그레한 얼굴 살포시 드러내어
긴 여름날 누구를 기다리나

제 한몸 가누지 못하고
담장 벽에 기대선 채
그 누구를 그리워하나

웃음은 눈물, 눈물은 웃음
가슴 붉게 타들어 갔어도
마디마디 등불 밝히고

뜨겁게 가꾸어 지켜낸 사랑
송이송이 화사한 미소

고사목

새로운 꿈을 꾸기에는 늦은 시간
지나온 시간의 길이는 길지만
짧게만 느껴지는 마음의 시간

바람의 이야기 별들의 이야기
듣고 본 것 수없이 많아도
잎과 가지를 다 떨군 나무는
하고픈 말 많지만 할 말이 없단다

새들의 날갯죽지 쉴 수 있게
돌처럼 굳은 가슴 내어 줄 때
노을빛 붉게 젖어들고 있다

게발선인장

한겨울
낯선 이국 땅에서

화신의 따듯한 사랑으로
새 각시방에 등불 켜듯 꽃 피워

어머니의 방 회색빛 창을
꽃 등불로 밝히고 있다

봉숭아

여름날
소리 없이 떨어지는 꽃송이
아쉬움에 고이 간직하고 싶어

별을 줍듯
고운 꽃잎 모아서
손가락 하나하나
꽃물 들이는 밤

꽃봉오리 피어나듯
손톱에 꽃물이 곱게 들면
텅 빈 가슴에
그리움은 발갛게 젖어들고

고향 집 뒤뜰 꽃밭에
웃고 있는 그리운 얼굴
달빛 타고 밀려온다

지심도 동백꽃

가슴속 깊은 순정
뜨겁게 피워낸
지순한 사랑

빼앗기고 짓밟혔던 아픔
아린 상처 보듬고
바람, 파도와 함께
지켜낸 긴 시간

낙화의 순간
흙에 누워도
그 자태 그 눈빛은

노을빛 꽃빛일세

뻐꾸기 · 3

애절한 숲속의 소리
누구를 부르고 있나

아픔일까 사랑일까
타는 듯한 울음 깊어지고

이별인가 기다림인가
푸른 바람 불어온다

가슴으로 토해낸 설움
멀리 사라져 갈 때

살구가 황금빛으로
알알이 익어 가고 있다

눈 붉은 찔레꽃

화담 숲
눈 붉은 찔레꽃을 보셨나요

혹여
장미, 해당화라 불려도

제 한 몸 불사르고 있는
가시 돋친 요요姚姚한 자태

붉게 타는 사랑
마음 시린 그 님은 알리라

꽃무릇

불 같은 정열로 피워낸 그리움

풀잎 흔들리는 소리
새들의 지저귐
이슬에 젖어도 웃고 있다

비바람에 꽃 대궁
흔들리다 꺾여도
눈물 보이지 않는다

꽃 진 자리에 서리 내리면
푸른 세모시 입고 오시어
삼동三冬을 이겨내는 님의 생각

가을바람 흰 달빛 아래서
꽃무릇이 부르는 노래를 듣는다

나무

나무에 등 기대고 서 보라

마음이 시리고 외로울 때
세상이 원망스러워
거리를 방황하고 싶을 때
나무에 등 기대고 서 보라

강풍에 마른가지 스스로 쳐내며
힘들어도 옆에 있는 누군가에게
어깨를 걸치지 않는 나무

제 한자리에 발 딛고 서서
세상사 모두 받아들이며
계절 따라 바람에 울고 웃으며
노래하고 춤추는 나무

오직
나무는
하늘을 우러러볼 뿐이다

연꽃

그대 고운 자태로 피어나던 밤
흰 달빛마저 무색했네

그대 고운 향기 젖어들던 밤
풀벌레 울음도 멈추었네

그대 송이송이 환한 미소
꽃등으로 어둠을 밝혔네

그대의 꽃빛과 향기는
여인의 간절한 기도를

천상으로 실어 나르네

칡꽃

8월의 태양 아래
산비탈 한 모퉁이

목이 타는 긴 가뭄 이겨내고
비바람 지루한 장마 견디며

아득한 푸른 하늘 젖어들 때
얽히고설킨, 마디마디 저려 온다

산 가지에 노을이 내려앉은 뒤
밤새 울어 대는 소쩍새 울음

고요히 고개 숙인
먹자줏빛 꽃다발

제2부 숲길을 걷다

꽃은 사랑이다

새벽이슬 머금고 피운 꽃
곱게 핀 꽃도 슬픔이다
죽은 자의 영혼을 달래며
마지막 작별을 고할 때
살아 있는 자들은 꽃을 바친다

세상의 꽃들은 꿈과 희망
새 생명의 탄생, 축하를 시작으로
꿈이 자라고 빛나는 자리마다
꽃이 빠질쏜가

한생 험하게 살았어도
저세상 가는 길,
꽃길로 가서 편히 쉬라고
꽃상여 태워 보냈고
새색시 꽃처럼 곱게 살라고
꽃가마 타고 시집간다

꽃 아름다운 사랑

사랑의 자물쇠

남산 팔각정에 달려 있는
사랑의 자물쇠는 한 송이 꽃

비바람에 흔들리지 않고
눈보라에도 꺾이지 않는 꽃

먼훗날 그대들의 사랑이
노하거나 슬퍼질 때, 여기
피어 있는 꽃을 보아라

해와 달과 우리의 기상인 소나무
꽃으로 피어난 그대들의 사랑
시들지도 꺾이지도 않게 지켜 주리라

봄날

개복사 꽃빛에 빼앗긴
붉게 물든 하얀 마음
환장할 것 같은 봄날

시냇가 버들강아지의 무수한
까만 눈동자, 반짝이는 들길
무논 고인 물에 올챙이 떼
오글대는 논두렁길 따라

봄바람에 깡동치마 펄럭이며
향기로운 봄을 뜯고 캐던
그날의 복사빛 덕이와 순희

아지랑이로 피어나는 아린 그리움

숲길을 걷다

검은 밤을 밝히던 별들, 이미
빛을 거두어 들인 시간

까치의 아침 예불 소리
목탁 치는 딱따구리
두 손 모은 나무들의 합장

초록 향기 가득한 길을 걷노라면
앞장서 가는 그리움 뒤에
소리 없이 따라오는 후회

풀잎에 맺힌 이슬
미련을 두지 않고

한생을 내려놓고 있다

여름날 육자배기

먹구름 장막을 친 듯 내려앉고
거친 숨 토해 내듯 쏟아지는 빗줄기

숭울숭울 떨어지는 붉은 봉숭아 꽃잎
힘겹게 고개 세운 왕관 맨드라미

장대비에 울 엄마 떠내려간다
개굴개굴 여름날 한 자락 육자배기

혼자가 아니어도 마음은 텅 비어 있고
어머니 생각에 질펀히 마음 젖어드는 오후

빗방울이 동그라미 그리는 연못가에서
청개구리 울음이 언덕을 넘고 있다

가을이 가네

하늘 안
가을 햇살 찾아와

산허리
붉게 물들이고 있는데

억새 너만은
환희의 흰 물결

대지 위에 아련한 향기
가득 남겨 두고

가을이 가네
사랑이 가네

가을이 문을 두드린다

풀벌레 노래에
산들바람 싣고

새벽에 조용히 찾아와
문을 두드린다

가을은

가을날의 행복

다홍빛 물결에 젖어든
찬란한 햇살 수런대고

나뭇잎들 현란한 춤사위
싱그런 바람의 노래

계절의 간이역 가을
쉬나무에 걸쳐 있는 갈색 영혼

산그림자 한 아름 안고
나무들이 펼쳐 놓은 카펫

환상의 길을 걷는 오늘
나는, 가을 여인

구월이 오네

바람이 소리 없이
낡은 유리창을 흔들고
햇살은 창문 틈 사이로
비집고 들어오네

굳은 가슴을
바람처럼 흔들고
햇살처럼 비집고 들어오는
그런 사랑 한 번쯤
찾아오면, 좋겠네

고추잠자리
가을이 숲에서 내려와
들녘에 와 있다고
지붕 위에서 들에서
신나게 날고 있는데

사랑은 연분홍빛 꿈길을
찾아 헤매이고

이별은 연보랏빛
깃발을 흔들고 있네

가을 길

가을 길을 걸어 보자
그대 손 마주 잡고
그대 마음 내 마음
낙엽송 길을 걸어 보자

가을 길을 걸어 보자
그대와 나란히
그대 사랑 내 사랑
노을 진 언덕길을 걸어 보자

가을 길을 걸어 보자
그대와 단둘이서
마른풀 향기 가득한
들길을 걸어 보자

가을 길
그대와 나
약속의 길이었네

눈 오는 날

깊고 온유한 우이령길을 걷는 것은
어머니의 품속 같은 푸근함이다

소나무 가지마다 송이송이 눈꽃 피워
떨림으로 다가오는 솔잎 향기 푸른 웃음

산빛 그림자 깨어 있는 듯 자고 있는 듯
신비의 비밀을 간직한 듯한 고요함

세상살이에 찌든 피곤한 영혼이
고향에 하얀 산길이 못내 그리워

흰 눈길 걸으며 마음을 하얗게 달래 본다

겨울 문턱

뜨락에 내려앉은 나뭇잎 하나
그리운 사랑 남겨 두고 홀로
바람 등에 업혀 가야 하는 길

하늘만이 안다기에
달님에게 물어봐도 고개만 갸우뚱
연둣빛 청청靑靑 젊은 날
되돌릴 수 없는 한 자락 꿈

달빛 고요하고 소슬바람 일고 있는데
끝 간 데 없이 밀려오는 슬픔
너나없이 우리는 겨울로 가고 있다네

―큰외삼촌 부고를 받다(2017. 9. 13)

겨울 공원 · 2

바람이 쓸고 지나간 자리
햇살이 빈 의자에 앉으면
티끌 하나 없는 하늘에
낮달이 하얗게 웃고 있는데

상큼한 청솔 향기 한 줌
머금고 있는 그 자리에
마른 꽃, 갈색 풀잎
푸른 꿈을 깊게 꾸고 있다

뒤뚱이며 모이를 쪼는 비둘기
한가한 오후 세 시의 여유로움
멀리, 소담스런 웃음 풀어놓는
아이들의 소란스런 발자국 소리

홍제천 연가

제3부

난지 한강공원

누군가 보고 싶은 날
난지 한강공원으로 가자

물비늘 반짝이는 강가에서
바람에 얼굴 부비며
삭인 그리움 날려 보내는
갈대가 있는 그곳

누군가 기다려지는 날
난지 한강공원으로 가자

우리의 꿈을 꽃으로 띄워 보낸
못 잊을 못 잊은, 질펀한 기억들
푸른 강물에 흘러가고
난초 지초 향기 그윽한 그곳

난지 한강공원으로 가자

덕유산 눈꽃

파랗게 날이 선
바람 맞으며
향로봉에 핀
천상의 꽃

바람이 꽃이 되고
꽃은 바람이 되어
눈꽃 터널 이루어
천상의 길이 열렸네

은빛 세상
순백의 황홀경
천상의 길을
거닐어 본 하루

청평사 가는 길

초록빛 맑은 바람의 길입니다

한 자락 판소리 풀어내는
구성 폭포 소리 귀 기울이며

마중 나온 오봉산 바람과 손잡고
생각 없이 말없이 걷습니다

바람에 마음이 씻겨진 듯
고요해지며 평화롭습니다

억겁의 찰나를 지나
피안으로 가고 있습니다

향일암

아홉 개 해탈의 문을 지나 관음전
목어의 눈이 바다를 바라보고 있다

염원을 담은 간절한 기도 소리
어디쯤, 닿을 수 있을까

어디선가 무언의 소리, 들리는 듯
바다를 향하고 있는 거북이의 발걸음

노을빛이 다도해를 곱게 물들이고 있다

백사실 계곡

아득히 먼 곳으로 달려가는 마음

기둥을 받치던 주춧돌, 우물터
비바람에 씻기며 말리며
말없이 무심한 백석 동천 별서지

은하수 소리 없이 밤새 내려와
정겹게 흐르는 계곡물 소리
바람에 전해 오는 옛이야기

석 달 열흘 울어대는 산비둘기의 설움
푸르름 되어 짙어지는 깊은 숲
숨어 버린 옛 시간과 사람

푸른 숲에 하늘마저 숨어 버렸다

운주사

가부좌하신 채로
누우신 님이시여
북두칠성 바라보며
사바 세상 근심 걱정

운주사 돌부처님
일어나 앉으시면
불국정토, 새로운
세상, 열린다 하는데

탁류처럼 흘러가는
어지러운 세상
님이시여, 언제
일어나시려나

나무 석가모니불
나무 석가모니불

가파도

바람이 먼저 달려와
격하게 부둥켜안는다

보리밭은 환희의 물결
넘기 힘들었던 보릿고개
아련한 추억의 길
두렁길을 걷고 있다

푸른 바다 바람 불어와
파도가 된 보리밭
아픈 영혼들의 가슴
쓰다듬어 주고 있으며

사월의 끝자락
초록으로 달려가고 있는데
가파도의 청보리밭이
황톳물을 들이고 있다

홍제천 연가

북한산 안산 백련산
골바람 휘어 감고
계절 따라 꽃단장

삼삼오오 노니는 물오리 떼
물길 위에 구름도 두둥실

꿈과 희망이 별처럼
푸른, 꽃길 따라 걷는
홍제천 산책길

"한 걸음 건강 두 걸음 행복"

강촌역 옛 역사

바람만이 머물다 가는 자리
햇살이 궁금한 듯 기웃거리며
강물은 산노을 내려서면, 산그림자
등에 업고 시간을 담아 내고 있다

여름날 밤하늘 수놓는 반딧불이처럼
반짝이던 나래, 푸른 꿈들의 가락 소리
메아리로 사라진 빈 하늘

이제는
향기 있는 추억담을 코스모스꽃이
강물에 소근소근 풀어내고, 달맞이꽃
기다리는 님도 맞이할 님도 없는데

눈이 내리면 산비둘기만이
발자국 찍어 놓고 있다

개미마을

 마음이 억눌린 듯 흐린 날, 개미마을※을 가 볼 일이다

 하늘이 맞닿은 인왕산 끝자락에 제비집처럼 매달려 있는 허물어져 가는 빈집 추녀 끝에 새끼줄에 꿴 두 장의 19공탄 그림자 걸쳐 있고, 빈 터에 나뒹구는 하얀 연탄재에서 누런 종이봉투의 한 됫박 쌀이 보글보글 끓고 있는 듯하다

 어깨를 움츠린 아비들이 별을 보며 오르고 내리던 골목 계단 길 이젠, 솔바람만이 감돌고 우리의 지워져 가는 삶의 풍경이 인왕산 끝자락에 옹기종기 높게 매달려 변화의 바람을 힘겹게 버티며 거친 숨을 토해 내고 있다

 너와 나 새로운 희망의 꿈을 안고 좁은 뜰에서 봉선화 분꽃이 피고 작은 텃밭에서 상추 가지가 자라며 이웃과 이웃 어제와 오늘의 이야기 오고 가고 따뜻한 마음의 등불 밝히듯 집집마다 정겨운 벽화가 그려져

있으며 무지갯빛 희망을 싣고 오색 바람개비가 돌고 있는 골목을 걷다 보면 어느새 마음의 안개 걷히고 있는 평화롭고 정겨운 마을

  살구꽃을 피우고 있다, 살구꽃이 피고 있다

  ※개미마을: 홍제동 산 100번지

경춘선 숲길

만남과 만남의 먼 이야기들이 두런두런
애틋하게 달려오고 있는 경춘선 옛길

기적 소리에 새벽안개 헤치며 마구 뛰어
달려가던 교복 입은 단발머리 소녀와
기타를 치며 낭만을 즐기던 그날의 청춘,
삶에 지쳤을 마음을 미루나무 길이 푸른
웃음으로 반기며 안아 주고 플라타너스 길은
바람의 노래를 부르고 있다

기쁨과 슬픔 희망과 절망을 싣고 달리던 길
이제 너와 나의 추억의 발자국이 꽃을 피우며
기찻길 옆 텃밭에서 날고 있는 나비를 쫓는
어린 사내아이의 노랑 꿈이 팔랑거린다

심우장에서

님의 깊은 도道와 꼿꼿한 절개
말해 주듯, 마당에 노송 한 그루
하늘빛 푸르름만이 걸쳐 있다

님의 소는 어디에 메어 놓았을까
님은 가고 없어도
님이 그리던 님의 세상

여름날 북악의 솔바람과
님의 향기에 젖어
님의 세상 그려 보는 나그네

곰배령

바람이 춤추는 곳입니다
꽃들이 춤추는 곳입니다

별들이 내려와 꽃술에 입 맞추는
천상의 정원이라 불리우는 곳입니다

바람이 노래하는 곳입니다
꽃들이 노래하는 곳입니다

나, 바람이고 싶습니다
나, 꽃이고 싶습니다

북한산 원효봉에서

한 걸음 한 걸음 오르는 것이 산이다
한 발 한 발 내려서는 것이 산이다

청명한 봄날 하늘 아래 원효봉 정상
나, 한낱 작은 점 되어
억년의 거대한 풍광에 취해서
흐름과 멈춤을 마음에 헤아려 보는
감동과 환희의 파노라마

마음을 비워야 오를 수 있는 것이 산이다
마음을 내려놓아야 내려올 수 있는 것이 산이다

천하를 다 품은 듯한 가슴 벅찬 하루

바람누리길※

시간의 흐름을 풀어내는 강물
행주산성 역사를 휘감고 부는 바람

비탈길에 하얗게 웃고 있는 찔레꽃
행주치마 두른 여인들의 시린 눈물

오면 가고 가면 오는 노을빛 강물에
소리 없이 누워 버린 산 그림자

내 마음 바람이 되어
바람과 손잡고 걷는 길

내 마음 강물이 되어
강물에 발 맞추어 걷는 길

※바람누리길: 행주산성 둘레길

서오능에서

헛된 꿈과 욕심 어리석은 사랑
숲을 달려가는 바람에 삭여야 하리

깊이를 알 수 없는 허공에
구름 걷힌 달빛 되어
여운마저 날려 보내야 하네

거센 눈보라에 흔들려도
봄을 기다리는 꽃봉오리

꽃처럼

제4부

시인의 꿈
―신동엽 생가에서

 님의 생가 뜨락에 내려앉은 봄 햇살 평화로워 툇마루에 걸터앉아 댓돌에 발 올려놓고 님이 소망하고 꿈꾸어 온 세상 그려 봅니다
 대통령이 퇴근하여 채마밭에 물 주며 이웃과 정담 나누고, 세탁소 아저씨가 국회의원인지 동리 사람들 아무도 모른다
 보수 없이 국민 위해 국회에서 일하고 출퇴근은 지하철 대중교통을 이용하며 교통법이라도 어겼을 경우 보통 사람들보다 열 배 스무 배의 무거운 잣대를 가차없이 들이댈 수 있는 정의로운 사회, 맞은 사람은 있어도 때린 사람은 없는 우리의 현실, 법을 만드는 의원님들 지도층 인사, 법을 안 지키면 그 누가 지킨단 말인가
 언 강물 풀리면 봄이 오듯이 님이 꿈꾸어 온 세상 언제 올까요? 님과 함께 그려 본 세상,
  오월의 초록이 어제보다 오늘 더 짙어졌습니다
  오늘은 더 푸르기만 합니다

지까짓 게

지까짓 게
잘난 것도 없는 것이
잘난 척하네

지까짓 게
있으면 얼마나 있다고
있는 척하기는

지까짓 게
예쁘지도 않는 것이
참, 예쁜 척한다

지까짓 게
앞에서도 척
뒤에서도 척

지까짓 게
지가 무엇이라고
흰소리만 치고 있네

지까짓 게여
무거운 허세
척을 내려놓고

본디 마음
그대로
가볍게 살아가자

나잇값

호박은 누렇게 늙을수록 값이 높아지건만은

 허기사, 인간사 나이 숫자 잊은 채 옳다고, 한 말 한 마디에 저 나이에 저러고 싶을까, 나잇값도 못한다고 뒤통수에 쏘아 대는 눈총, 혀 차는 소리, 듣고도 못 들은 척 보고도 못 본 척, 눈치껏, 낄 자리 빠질 자리 분별하여 행동해야 하건만, 눈치코치 못 채고 무분별만 늘어난다. 그러나 어찌하리 육신은 늙어 판단력과 몸놀림은 느려졌어도 마음만은 어제와 다름없이 푸른 것을…

벗어야 산다

세상사 허물 없는 이 누가 있으랴
덮어서 감추려고만 하지 말고 벗어 버리자

허나
시간은 길지 않다
허물은 때를 놓치면 굳어져 벗기 힘든 것

푸른 하늘을 날기 위해 하루를 살다 가는
하루살이도 허물을 벗는다

하지만
남의 허물은 들추어 캐내지 말고
알고도 모르는 척 사랑으로 덮어 주자

허물은 제 스스로 벗어야
날개가 펴져 날 수 있다

무궁화

무궁화 삼천리 화려 강산
대한 사람 대한으로…

마르고 닳도록 애국가를 부르며
이 땅을 지키며 살고 있는 한
우리가 아니면 그 누가 심고 가꾸리
벌레 꼬여 키우고 가꾸기 힘들다고
외면하고 홀대한다

벚꽃은 일본의 국화로 정해진 꽃일진대
벚나무의 원산지가 우리나라라는 안일한 생각
꽃은 꽃일 뿐이라는 이유 아닌 이유

우리 겨레의 얼의 상징 무궁화
길마다 가로수로 벚꽃 대신 무궁화를 심자
삼천리 동산에 찬란하게 꽃 피워
길이길이 무궁화 축제를 열어 보세
우리 함께 무궁화 꽃놀이를 즐기며 살아 보세

잊혀져 간 숫자

　책꽂이 한 구석, 손때 묻은 것 하나 걸려 있다

　검지 손가락으로 한 알 내리고 엄지 손가락으로 두 알 세 알 올리면 일 십 백 천 만 억의 수가 되고, 덧셈 뺄셈 나누기 곱하기 어떤 계산도 척척 다 해냈다

　대기업 특히 은행에서는 너는 없어서는 안 되었고 쌀가게 영감님 돋보기 너머로 너를 읽었지, 영원한 것은 없다지만 학교에서 밀려나고 사회에서 버림받아 추락한 초라한 모습

　너는 한 시대의 화려했던 꿈에서 깨어나지 못하고 아날로그에서 벗어나지 못한 나, 눈감고 달그락달그락 너의 노래를 듣는다

꽃처럼

꽃처럼 예쁘지는 않지만
꽃처럼 활짝 웃는
구김 없는 사람이고 싶다

꽃처럼 곱지는 않지만
꽃처럼 다정다감하게
희망과 위로를 주는 사람이고 싶다

꽃처럼 향기롭지는 않지만
누군가를 사랑하며
사랑받는 사람이고 싶다

꽃처럼 싱그럽지는 않지만
제 빛깔 제 향기로 속삭이는
들꽃 풀꽃이어도 좋아라

한번 피었다 지는 생
어둠과 빛 사이에서
소리 없이 피고 지는

해맑은 꽃처럼 살고 싶다

코로나19

천지 창조
하느님 보시기에
참 좋았다 하시었다

인간 만사 욕심은 어디까지일까
우주 만물 다 가져 놓고
그래도 모자라 눈만 뜨면, 매일
신 발명품들 홍수 되어 넘쳐난다

미세 먼지에 눈을 뜰 수가 없고 호흡 곤란

날이면 날마다 합격 당첨 애원하며
아프다는 기도 소리에 귀가 따가워
소리 없는 재채기 한번 하시고

하느님도
잠시
쉬고 싶으셨나 보다

어느 영혼을 생각하며
―일용직 노동자의 죽음

기쁘면 눈물이 나도록 웃어 보자
슬프면 웃음이 나도록 울어 보자

비바람에 흔들려도 견디며
달빛에 하얗게 피워 낸 사랑

달도 별도 다 따다 주겠다고
새벽이슬 맞으며 찬바람 가르며

따듯한 햇살에 열매 맺지 못하고
돌개바람에 천상으로 날아간 영혼

푸르게 웃어 보지 못한 눈물겨운 목숨
푸르게 울어 보지 못한 가여운 목숨

속수무책 꺾인 붉은 꽃은 아픔이다
속수무책 떨어진 붉은 꽃은 슬픔이다

가라사대
―밥

어머니 품에서는 흉년에 나물죽을 먹어도
사랑으로 배고픔이 채워진다

세상에 제일 서러운 밥, 눈칫밥
먹어도 먹어도 배고픈 밥, 눈물의 밥인 것을
안 먹어 본 사람은 모르리라

모진 세상 입 하나 덜겠다고 사내아이는
부잣집 꼴머슴으로 보냈고, 계집아이는
허울 좋은 수양딸, 아기 돌보미로 보냈다

여북했으면 그랬을까

6·25 전쟁 때 부모 잃고 자수성가한,
노신사 가라사대
설움 중에 제일 큰 설움은 배고픈 설움
잠 잘 곳 있고, 밥 먹을 수 있어 등 따습고
배 안 고프면, 세상 고생이 아니란다

이팝꽃이 어려웠던 옛 시절 이야기를
오월 한 나절 동안 풀어내고 있다

가을을 타는 여자 · 3

여름내 폭염을 토해 낸
가을 햇살 맑고 포근하며
여름내 폭우를 쏟아 낸
가을 하늘 높고 푸르다

파란 하늘 맑은 햇살
송이송이 듬뿍 실어 들녘 한 가득
노란 향기 부려 놓는 들국화

힘들었던 일 아팠던 일 모두 지우자
굳어지면 옹이가 되리니
맑아지기 위해 비워야 하고
가벼워지기 위해 버려야 하리

가을바람에 깊어지는 사념
가을을 타는 여자
들국화 한 송이 꺾어 들고, 멍하니
강 건너 먼 하늘 바라보고 있다

새

앵두나무 울타리에 노니는
참새는 평화롭고
호수에 유유자적하는
백조는 품위가 있다

산비둘기 한 서린 울음에
밀려왔다 밀려가는 그 얼굴
가을날 저녁 하늘 날아가는
기러기 떼는 시린 그리움

내가 만약 새가 된다면
솔개가 되고 싶다고 했다
무슨 의미인지, 누군가 말했다
한이 많은 사람이라고

인생살이 구십구 굽이굽이
한 없고 설움 없는 사람, 그
누가 있으며, 세상만사
사연 없는 삶이 어디 있으리

뭐라 해도, 제 나름대로
제 아픔이 제일 큰 것을

어둠

주홍빛 노을, 산 언덕 넘어설 때
살풋 한 걸음 소리 없이 찾아온다

등불 밝혀 밀어내 보려 하나
차라리 등불을 끄리

왔던 길 되짚어가는 너를
새벽이 오면 잡지 못하리니

힘겨워 지친 영혼, 너와
이 밤을 함께 하리라

제5부 동그라미 사랑

동그라미 사랑

울컥, 큰딸이 보고 싶은 날
오리* 은가락지 꺼내 보며
큰딸의 마음과 오리의
의미를 헤아려 본다

딸이 엄마한테
은가락지 해 주면 좋다는
시작도 끝도 알 수 없는
삼십여 년 전의 유행의 물결

예나 지금이나 마음 살가운
큰딸의 사랑은 가락지 같은
동글동글 동그라미 사랑
동글동글 동그라미 사랑

※오리: 일부일처제

가을은 그리움

깊어진 산 그림자
짧아진 해거름
가슴에 스며드는
들국화, 아득한 향기

흘러가는 강물 같은
푸른 하늘 너머 들녘
도리깨질 장단 소리에
코끝에 와 닿는 들깨 내음

산 그림자 고요히
황토밭에 내려 누울 때
하얀 머리 수건 쓴
어머니의 종종걸음

보랏빛 들 향기
바람 되어 불고 있다

아버지의 무덤

 당신의 무덤은 고향입니다
 해마다 추석 전이면 벌초하러 갔었지요
 음택이 양택이 되는 막을 수 없는 개발의 운명 60여 년이 지난 당신의 유골, 잿빛 연기 속 하얀 재 되어 날려 보내던 날, 나는 탯줄 묻은 고향을 버렸습니다
 당신이 이 세상에 떨구고 간 한 점의 핏방울, 마음은 고향 땅을 휘젓고 다니건만 발걸음은 객지를 헤매고 있습니다, 당신의 무덤이 있었기에 고향을 갈 수 있었습니다, 이제는 찾을 고향도 가야 할 고향도 없습니다, 당신의 무덤은 원추리꽃 패랭이꽃 꺾어 들고 흙 내음 꽃 내음 맡을 수 있었던 꿈에도 잊지 못하는 유일한 고향이었습니다, 아버지!

소록도 여인

 바다 건너 빤히 보이는 저 집이 나 어려서 어머니와 살던 집인데, 지척이 천리, 꽃 같은 여인이 집 떠나온 지 수십 년, 바다를 바라보며 노래를 부르고 있다
 "고향이 그리워도 못 가는 신세" 그녀의 서러운 마음은 파도가 되어 어머니를 애타게 부르고 마디마디 핏빛 멍울이 떨어져 동백꽃으로 서럽게 피고 있다
 숙명적인 운명에 아픔과 고통을 씹어 삼키며 이 세상을 어쩔 수 없이 살아내야 하는 그날에 만났던 가여운 꽃 한 송이 가슴에 박혀 35여 년의 시간이 지났어도 송곳에 찔린 듯 잊혀지지 않고 가끔 생각난다

꿈을 낚는 사람

 낙산 성곽길 중턱 카페가 많은 벽화 마을 "최가네 철물점" 이색적인 간판 앞에 공중 높이 앉아 밑밥도 없는 낚시로 허공을 낚고 있는 사내가 있다, 낮에는 푸른 하늘에 흰 구름 낚고 밤이면 별을 낚고 있겠지
 넓은 세상과 소통하고 싶은 꿈을 키우기 위해 최가네 철물점 아저씨의 장인 솜씨로 만들어진 철로 된 사내는 최씨의 자화상이겠지

 꿈을 꾸는 자 꿈을 이루는 멋진 삶을 살으리

그 나무

숲속 소롯길 한켠에
비가 오나 눈이 오나
언제나
그 자리에 서서

푸른 향기 가득 담고
묵묵부답 말없이
두 팔 벌려 반겨 주는
벌레 먹고 등 굽은 나무

매일 저녁
사립문에 기대 서서
나를, 기다리시던
어머니의 모습

김밥

이른 새벽

사랑과 정성으로
간을 맞춘
어린 시절 소풍 때
먹었던 김밥

보리 익어 가는 내음
아까시 꽃향기 밀려오듯
잊을 수 없는
어머니의 손맛

험난한 세상
지쳐 있을 때
따듯하게
살아가는 힘이다

섣달 그믐날 밤

고향의 보따리 만두를 빚는다
할머니의 시집올 때 이야기
장날에 있었던 일, 보자기에 넣고
네 귀퉁이 여미여 꽁꽁 묶는다

내일 아침이면 이야기보따리
김이 모락모락 나면서 풀리겠지
어머니는 할머니 눈치 보면서
고단했던 시집살이 아버지의
그리움 슬며시 풀어 놓을 것이다

오늘 밤, 잠을 자면
눈썹이 하얗게 흰다고 놀려 대던
고모들의 웃음소리 들려오는데
별빛마저 희미해진 밤

멀어져 간 얼굴들을 불러 본다

고향

못 잊어 그리움에 찾아갔습니다

가난했지만 아름답던 산천, 아리게
아팠지만, 이웃과 이웃의 포근함

고향은 나를, 나는 고향이 낯설기만 해
바람으로 불고 있는 지나간 시간들

옛 모습 그대로를 그려 보았던 어리석음
골목길 걸어오는 낯익은 얼굴이 그리운데

기다림 없는 하늘만이 높고 푸르다

멀어져 간 그리움 · 2

가슴은 검게 타들어 갔어도
그리움은 송이송이 피어나는 꽃잎

개동백꽃※ 노란 향기
할머니의 쪽진 머리 냄새

유리창에 흐르는 빗물처럼
아련하게 흘러간 하많은 시간

장독대 하얀 사발 정화수에
달이 되어 어른거리던 얼굴

언덕에 걸쳐 있는 봄날의 해그림자
보릿고개 넘고 있는 흰 치맛자락

※개동백꽃: 생강나무꽃

축제

우리 함께 축제를 즐기자

삶이란 분홍빛 보랏빛도 아닌
잿빛 구름 속에 파란 하늘

우는 날보다 웃는 날이 더 많은
산다는 것은 다시 없는 축복

봄에는 왈츠 여름에는 블루스
가을에는 탱고를 추며

너와 나 함께 축제를 열자
우리 모두 모여 축제를 즐기자

외로움

땅거미 짙게 젖어들 때
아까시 꽃향기 고향의 향기

푸른 산은 어둠 속에 누워 버리고
논가에 개구리 울음소리
풀잎들이 꿈꾸는 시간

희미하게 떠오르는 얼굴
뜨거움이 목울대를 밀어 올릴 때
초록 바람이 두 볼을 어루만진다

날짐승도 둥지를 찾아들고
초승달마저 지고 없는데

외로움은 풍경에 매달려
바람으로 울고 있다

나의 보물 1호

검은 양복 입은 우리 집 거구의 노신사 좁은 방 한 구석에 장승처럼 침묵을 지키고 있은 지 오래이다

부드럽고 감미로움에 마음 편안해지는 그대의 목소리는, 비할 때 없는 천상의 소리, 천둥소리, 빗소리, 새소리 달빛에 구름 흘러가고 꽃이 피고 진다

그대와 쇼팽을 즐기던 아이들은 다 커서 하나씩 하나씩, 이 집을 모두 떠나갔고, 긴 시간 말없이 묵묵히 홀로 서 있는 그대를 볼 때 안쓰러운 마음에 짧은 말 몇 마디 나누어 보려 하나 그마저 그대는 시큰둥 쉽지가 않다

아이들은 어쩌다 와서 뭐라 쓴 소리를 한들, 내 어찌 그대를 타관 객지로 보낼 수는 없는 일, 45여 년 전 오직 아이들을 위해 내 분수에 맞지 않게 어떻게 장만한 피아노인데

구춘지 시인의 시 세계

해설

해설

절제와 품격, 빛나는 언어의 미학美學
―구준지 시인의 시 세계

기청 | 시인·문예비평가

　시란 무엇인가? 일반적으로 시는 독자적 생명력을 갖는 언어 예술이다. 하지만 시 속에 음악(리듬)과 회화적 요소(이미지)가 복합적으로 상호작용하는 것이다. 시의 운율은 시를 읽는 즐거움을 준다. 시의 이미지는 시를 보다 리얼한 생동감으로 제시한다.

　그래서 릴케R. M. Rilke는 시는 삶의 체험이라 하였고 포우E. A. Poe는 시를 미의 운율적 창조라 말한 바 있다. 전자는 시가 창작을 통한 삶의 성찰인 점에서, 후자는 시의 리듬을 통해 인간 본연에 내재한 음률을 표출한다는 점에서 공감이 간다.

　좀 더 구체적으로 엘리엇T. S. Eliot은 시에 대해 감정과 개성의 표출이 아니라 감정 혹은 개성으로부터의 도피임을 지적했다.

오늘날 서정시가 감정의 과잉으로 넘치는 것을 경계하는 사려 깊은 지적이기도 하다.

또 지나친 테크닉(기교)에 의존하는 것에 대한 따끔한 충고도 잊지 않았다.

시의 이상을 회화적으로 제시하면 어떤 그림일까? 아마도 추사秋史 김정희의 세한도歲寒圖쯤이 아닐까 한다. 이는 양극의 평가를 허용한다. 부정의 시각으로 보면 볼품없고 앙상한 묵화(풍경화)에 지나지 않는다. 하지만 옹호의 입장에서 보면 그린 이의 정신적 차원에 머리를 숙인다. 낯설고 머나먼 유배지에서 맞는 겨울, 절제된 선과 황량한 벌판 위의 몇 그루 곧게 뻗은 나무, 조화와 부조화가 주는 상징적 의미가 추사의 강직한 정신을 상징한다. 그 황량한 고립감, 고난을 이겨내는 강인함, 불변의 신념, 불굴의 선비 정신이 깊게 묻어나는 세기의 걸작으로 손색이 없는 것이다.

물론 이런 예시는 시에 그대로 적용되는 것은 아니다. 다만 오늘의 서정시가 지나치게 감상 감정에 매몰되는 현상에 대해 엘리엇의 충고가 아직도 유효하다는 것을 상기시키려 함이다.

이번에 구춘지 시인의 시집 해설을 맡으면서 먼저 한 편 한 편 꼼꼼하게 읽고 또 읽었다. 시는 곧 사람이란 말처럼 시인의 삶이 작품 속에 그대로 녹아 있었다.

몇 가지 특징을 살펴보면, 우선 아날로그 세대답지 않은 참신한 발상과 꾸밈없는 시 정신의 순수성에 신뢰가 느껴졌다. 자연과의 교감을 통한 삶의 성찰, 기교보다 자연스러운 언어 구사, 차분한 감정의 절제, 섬세하고 따뜻한 휴먼의 감성이 읽는 이의 마음을 열게 한다. 무엇보다 서두에서 우려한 문제를 불식시키는 구 시인 특유의 어법이 공감의 폭을 넓혀 준다.

구춘지 시인은 이미 몇 권의 시집을 출간한 바 있고, 문학세계 문학상을 수상한 바 있어 그의 활동상을 짐작케 한다. 그리고 경기미술협회 문인화 전시회에 여러 차례 출품하고 수상하는 등 화가로서의 활동도 돋보인다. 명실공히 시화詩畵를 겸비한 시인이다. 이는 두 인접 장르 간의 장점을 활용하여 시너지 효과를 가져올 수 있다는 것을 의미한다.

1. 자연과 성찰省察

전반적으로 자연 또는 계절을 소재로 한 작품이 많다. 시공간은 시의 무대가 되는 때문이다. 그중에서

도 특정한 시간(계절) 공간이 만나는 접점接點은 시의 모티브가 된다. 자연은 말없는 스승, 자신을 돌아보는 계기를 주고 깨침을 준다.

> 검은 밤을 밝히던 별들, 이미
> 빛을 거두어 들인 시간
>
> 까치의 아침 예불 소리
> 목탁 치는 딱따구리
> 두 손 모은 나무들의 합장
>
> 초록 향기 가득한 길을 걷노라면
> 앞장서 가는 그리움 뒤에
> 소리 없이 따라오는 후회
>
> 풀잎에 맺힌 이슬
> 미련을 두지 않고
>
> 한생을 내려놓고 있다
> ―〈숲길을 걷다〉 전문

> 너의 향기는
> 천상의 그리움

비탈진 언덕
바람이 된 하얀 미소

구구절절 아홉 마디
어머니의 눈물 사랑

바람에 실어 나르고 있다

— 〈구절초〉 전문

시 〈숲길을 걷다〉의 경우 시간대는 새벽이다. 첫 행에서 여명이 밝아 오는 새벽 산책에서 느낀 소회를 그렸다. 새벽의 희망 설렘을 까치−예불 소리(청각), 목탁−딱따구리(청각), 나무−합장(시각)이란 우화적 불교적 풍경으로 제시하는 것이 흥미롭다. 초록 향기(후각)를 더하면 시·청·후각이 어우러진 공감각적 심상이 입체감 생동감을 더해 준다. 밋밋한 풍경을 삶의 희망으로 환치換置시키는 것은 참신한 발상이다.

"앞장서 가는 그리움 뒤에/ 소리 없이 따라오는 후회"에서 '그리움'은 지난날의 회상이며 '후회'는 아쉬움이다. 삶의 과정이 늘 그러하듯 실망을 주지만 결미에서 풀잎의 이슬이 "한생을 내려놓고 있다"처럼 반전을 통해 무상의 초월超越을 지향한다.

시 〈구절초〉는 그 청초한 이미지를 모성의 무한한 사랑에 빗대어 노래했다. 마치 언어로 그린 한 폭의 그림을 연상케 한다. 군더더기 없는 깔끔한 절제의 언어가 대상을 한층 격조 있게 해준다. '천상'(지향) 과 '언덕'(지상)의 수직적 설정은 본성을 향한 그리움 이다. '향기'를 '천상의 그리움'으로 대상을 '하얀 미 소'로 표현한 것도 같은 맥락에서 이해되는 서정의 절창絶唱이다.

2. 사랑과 별리別離

삶을 한마디로 요약하면 무엇일까? 만나고 사랑하 고 헤어지는 연기緣起의 과정이라 할 수 있다. 결국 무 에서 유를 만들고 다시 무로 돌아간다. 이런 과정에 서 숱한 고락과 생멸을 거듭하는 것이 우리 삶의 실 상이다. 사랑과 이별, 이런 근원적인 문제에 대해서 시인은 어떤 생각을 시 속에 투영하는지 살펴보기로 한다.

새벽이슬 머금고 피운 꽃
곱게 핀 꽃도 슬픔이다
죽은 자의 영혼을 달래며
마지막 작별을 고할 때

살아 있는 자들은 꽃을 바친다

(중략)

한생 험하게 살았어도

저세상 가는 길,

꽃길로 가서 편히 쉬라고

꽃상여 태워 보냈고

새색시 꽃처럼 곱게 살라고

꽃가마 타고 시집간다

꽃 아름다운 사랑

　　　　　　　　　　　—〈꽃은 사랑이다〉에서

뜨락에 내려앉은 나뭇잎 하나

그리운 사랑 남겨 두고 홀로

바람 등에 업혀 가야 하는 길

하늘만이 안다기에

달님에게 물어봐도 고개만 갸우뚱

연둣빛 청청靑靑 젊은 날

되돌릴 수 없는 한 자락 꿈

달빛 고요하고 소슬바람 일고 있는데

끝 간 데 없이 밀려오는 슬픔

너나없이 우리는 겨울로 가고 있다네

　　　　　　　　　　－〈겨울 문턱〉 전문

　시 〈꽃은 사랑이다〉 첫머리에서 시적 화자의 의도가 투영된다. "곱게 핀 꽃도 슬픔이다"처럼 꽃을 슬픔으로 정의한다. 그것은 뒤이어 '죽은 자의 영혼'이 따라오는 것을 보아 조화弔花임을 알 수 있다.

　이어 꽃을 바치는 의미를 화자가 풀이한다. 사자死者－꽃상여는 영원한 안식을 기원함이며, 새색시－꽃가마는 꽃처럼 곱게 살라는 염원이라는 것이다. 꽃은 같은 매개이지만 의미는 별개인 것이다. 결미에 와서 "꽃 아름다운 사랑"으로 결론을 맺는다.

　이는 죽음의 슬픔도 궁극적인 의미에서 사랑임을 역설적으로 강조하는 의미가 내포된 것이다.

　시 〈겨울 문턱〉은 주석을 통해 '큰외삼촌 부고를 받고'에서 알 수 있듯 가까운 혈연의 죽음을 통해 느끼는 소회를 적은 시다. 서두 첫 연은 마치 고대시가 〈제망매가〉의 "한 가지에서 나고 가는 곳 모르는구나"의 탄식처럼 안타까운 심사가 드러난다.

　사자를 '나뭇잎'에 비유하여 바람에 날리듯, 가는 곳을 모르는 '한 자락 꿈'에 비견하여 그 무상의 '슬픔'을 토로하지만 결미에서 "너나없이 우리는 겨울로 가고 있다네"처럼 일반화하여 동병상련同病相憐의 슬픔을 극복하려 하고 있다.

3. 산문적 경향

 구춘지 시인의 시의 또 하나 특징은 산문적 경향에 있다. 산문시는 행의 구분 없이 쓴다는 점에서 자유로운 발상을 전개한다. 하지만 기본적으로 시의 특징인 은유 상징 이미지를 중시하면서 압축과 응결을 통한 시적 포에지를 담은 시의 형식이다.
 하지만 여러 문장은 유기적으로 직조되어 하나의 주제로 통합되어진다. 화자의 전지적 시점의 묘사나 일인칭 시점의 논리나 주장을 강조하는데 적합한 형식이다.

  님의 생가 뜨락에 내려앉은 봄 햇살 평화로워 툇마루에 걸터앉아 댓돌에 발 올려놓고 님이 소망하고 꿈꾸어 온 세상 그려 봅니다
  대통령이 퇴근하여 채마밭에 물 주며 이웃과 정담 나누고, 세탁소 아저씨가 국회의원인지 동리 사람들 아무도 모른다(중략)
  언 강물 풀리면 봄이 오듯이 님이 꿈꾸어 온 세상 언제 올까요? 님과 함께 그려 본 세상,
  오월의 초록이 어제보다 오늘 더 짙어졌습니다

오늘은 더 푸르기만 합니다

— 〈시인의 꿈〉에서

당신의 무덤은 고향입니다
해마다 추석 전이면 벌초하러 갔었지요
음택이 양택이 되는 막을 수 없는 개발의 운명 60여 년이 지난 당신의 유골, 잿빛 연기 속 하얀 재 되어 날려 보내던 날, 나는 탯줄 묻은 고향을 버렸습니다
당신이 이 세상에 떨구고 간 한 점의 핏방울, 마음은 고향 땅을 휘젓고 다니건만 발걸음은 객지를 헤매고 있습니다, 당신의 무덤이 있었기에 고향을 갈 수 있었습니다, 이제는 찾을 고향도 가야 할 고향도 없습니다, 당신의 무덤은 원추리꽃 패랭이꽃 꺾어 들고 흙 내음 꽃 내음 맡을 수 있었던 꿈에도 잊지 못하는 유일한 고향이었습니다, 아버지!

— 〈아버지의 무덤〉 전문

앞의 시 〈시인의 꿈〉은 '신동엽 생가에서'란 부제가 붙어 있다. 어려운 시대에 따끔한 현실 참여시의 일침으로 세상을 일깨우려 하던 신동엽 시인을 우리는 기억한다. 그가 태어나고 얼마간 살았던 생가를 찾은 시인의 감회가 어떨지 짐작이 간다. 신동엽 시인이 꿈꾸었을 이상 사회(중략 부분)는 서구의 어느

민주복지 국가를 모델로 제시한다. 국회의원은 보수 없는 명예직이며, 대중교통으로 출퇴근하는 보통 시민이다. 법을 어기면 몇 배 가중 처벌을 받는, 특권을 내려놓은 평등사회를 지향한다. 이는 구 시인이 꿈꾸는 이상적 모델이기도 한 것이다.

  우리의 현실과 간격이 크면 클수록, 실상 그 사회야말로 사람다운 살맛나는 아름다운 공동체가 될 것이다. 이 작품을 통해 현실의 모순을 꼬집는다. 이는 구 시인이 속해 있는 사회라는 공동체에 대한 애정 어린 관심사로, 시의 영역을 확대하는데 기여하고 있는 것이다.

  시 〈아버지의 무덤〉은 근대화 이후 급속하게 진행된 개발만능의 논리가 가져다준 고향 상실의 비극을 그렸다. 고향을 떠올리는 원형 심상으로 어머니와 대지 달을 꼽는다. 아버지의 원형은 뿌리이다. 그런 의미에서 고향 메타포와 관련되고 이장移葬은 개발과 함께 고향 상실의 원인이 된다. "잿빛 연기 속 하얀 재"-고향 상실, "세상에 떨구고 간 한 점의 핏방울"-고향(존재)의 이미지가 대비되면서 절제된 슬픔과 소리 없는 통곡을 읽을 수 있다. '원추리꽃 패랭이꽃'으로 상징되는 아버지의 무덤에서 기억 속에만 남아 있는 고향 상실의 현실이 맵고 따갑게 느껴진다.

4. 그리움과 기원祈願

그리움과 기다림은 동의어인지 모른다. 우리는 생의 많은 시간을 기다리며 그리워하며 살아간다. 차이가 있다면 기다림은 희망이요 그리움은 백일몽일까?

누군가 보고 싶은 날
난지 한강공원으로 가자

물비늘 반짝이는 강가에서
바람에 얼굴 부비며
삭인 그리움 날려 보내는
갈대가 있는 그곳

누군가 기다려지는 날
난지 한강공원으로 가자

— 〈난지 한강공원〉에서

운주사 돌부처님
일어나 앉으시면
불국정토, 새로운
세상, 열린다 하는데

탁류처럼 흘러가는
　어지러운 세상
　님이시여, 언제
　일어나시려나

　나무 석가모니불
　나무 석가모니불

　　　　　　　　　　―〈운주사〉에서

　앞 시는 생의 그리움을, 뒤 시는 새로운 세상의 기원을 담고 있다. "물비늘 반짝이는 강가"는 "삭인 그리움 날려 보내는" 곳이기도 하다. 이제 그 시절 "꿈을 꽃으로 띄워 보낸" 그 소중한 추억을, '난초 향기'로 부재不在의 슬픔을 승화시킨다.
　뒤 시는 내세의 기원을 누운 '돌부처'에 의탁하여 염송하는 형식, '탁류'와 '불국정토'의 대비를 통해 세속의 고뇌가 얼마나 깊고 어지러운지, 얼마나 간절한 것인지 짐작케 한다.

　산 그림자 고요히
　황토밭에 내려 누울 때
　하얀 머리 수건 쓴
　어머니의 종종걸음

보랏빛 들 향기
바람 되어 불고 있다

— 〈가을은 그리움〉에서

앞에서 아버지에 대한 그리움을 고향 상실의 모티브와 함께 담담하게 그렸다면 어머니에 대한 그리움을 "하얀 머리 수건 쓴/ 어머니의 종종걸음"으로 묘사하면서 풍경 속 인물처럼 거리를 두어 애잔한 그리움을 더하게 한다. 그런가 하면,

울컥, 큰딸이 보고 싶은 날
오리 은가락지 꺼내 보며
큰딸의 마음과 오리의
의미를 헤아려 본다
(중략)
예나 지금이나 마음 살가운
큰딸의 사랑은 가락지 같은
동글동글 동그라미 사랑
동글동글 동그라미 사랑

— 〈동그라미 사랑〉에서

혈육(딸)에 대한 그리움을 '오리 은가락지'에 빗대어 감정을 절제한다. '오리 은가락지'는 딸과의 사랑,

그리움을 투영投影하는 매체로 작용하는 것이다.

  자식 사랑을 어찌 말로 다할 수가 있을까? 그 무량의 크기를 매체(가락지)에 의탁하여 분산시키는(절제) 시적 승화가 돋보인다.

  서두에서 밝힌 것처럼 구춘지 시인의 시는 감정을 절제하고 슬픔까지도 승화시키는 감응력을 보여 준다. 혈육에 대한 그리움, 사별의 슬픔까지도 자연물이나 상황에 의탁하여 차분하게 제시하면서 시의 품격을 높이고 깊은 공감을 불러온다. 시가 지향해야 할 길, 언어 예술의 미학美學을 구 시인 특유의 어법을 통해 한껏 펼쳐 보이고 있다.

  이번 시집 출판을 계기로 더 성숙한 시의 경지를 보여 주기를, 독자의 사랑과 감동이 세상을 더욱 아름답게 밝히는 등불이 되기를 바라는 마음으로.

―남한산 아래 죽림산방竹林山房에서

꽃
아름다운
사랑

발행 ｜ 2024년 5월 24일
지은이 ｜ 구춘지
펴낸이 ｜ 김명덕
펴낸곳 ｜ 한강출판사
홈페이지 ｜ www.mhspace.co.kr
등록 ｜ 1988년 1월 15일(제8-39호)
주소 ｜ 서울특별시 종로구 인사동11길 16, 303호(대형빌딩)
전화 02-735-4257, 734-4283 팩스 02-739-4285

값 11,000원

ISBN 978-89-5794-561-2 04810
　　　978-89-88440-00-1 (세트)

※저자와의 협약에 의해 인지는 생략합니다.
※이 책의 저작권은 저자와 본 출판사에 있습니다.